BEI GRIN MACHT SICH IHR WISSEN BEZAHLT

- Wir veröffentlichen Ihre Hausarbeit, Bachelor- und Masterarbeit

- Ihr eigenes eBook und Buch - weltweit in allen wichtigen Shops

- Verdienen Sie an jedem Verkauf

Jetzt bei www.GRIN.com hochladen und kostenlos publizieren

Bibliografische Information der Deutschen Nationalbibliothek:

Die Deutsche Bibliothek verzeichnet diese Publikation in der Deutschen Nationalbibliografie; detaillierte bibliografische Daten sind im Internet über http://dnb.d-nb.de/ abrufbar.

Dieses Werk sowie alle darin enthaltenen einzelnen Beiträge und Abbildungen sind urheberrechtlich geschützt. Jede Verwertung, die nicht ausdrücklich vom Urheberrechtsschutz zugelassen ist, bedarf der vorherigen Zustimmung des Verlages. Das gilt insbesondere für Vervielfältigungen, Bearbeitungen, Übersetzungen, Mikroverfilmungen, Auswertungen durch Datenbanken und für die Einspeicherung und Verarbeitung in elektronische Systeme. Alle Rechte, auch die des auszugsweisen Nachdrucks, der fotomechanischen Wiedergabe (einschließlich Mikrokopie) sowie der Auswertung durch Datenbanken oder ähnliche Einrichtungen, vorbehalten.

Impressum:

Copyright © 2010 GRIN Verlag, Open Publishing GmbH
Druck und Bindung: Books on Demand GmbH, Norderstedt Germany
ISBN: 9783668306141

Dieses Buch bei GRIN:

http://www.grin.com/de/e-book/340822/elemente-des-bodenturnens

Erika Wießner

Elemente des Bodenturnens

GRIN Verlag

GRIN - Your knowledge has value

Der GRIN Verlag publiziert seit 1998 wissenschaftliche Arbeiten von Studenten, Hochschullehrern und anderen Akademikern als eBook und gedrucktes Buch. Die Verlagswebsite www.grin.com ist die ideale Plattform zur Veröffentlichung von Hausarbeiten, Abschlussarbeiten, wissenschaftlichen Aufsätzen, Dissertationen und Fachbüchern.

Besuchen Sie uns im Internet:

http://www.grin.com/

http://www.facebook.com/grincom

http://www.twitter.com/grin_com

Ruhr Universität Bochum

Fakultät für Sportwissenschaft

Semester: SoSe 10

Veranstaltung: Turnen

Bodenturnen

Inhaltsverzeichnis

1. Anläufe und Absprünge 3
2. Die Rolle vorwärts 3
   2.1 Bewegungsbeschreibung der Rolle vorwärts 3
   2.2 Vorübungen zur Rolle vorwärts 3
3. Die Rolle rückwärts 4
   3.1 Bewegungsbeschreibung der Rolle rückwärts 4
   3.2 Vorübungen zur Rolle rückwärts 4
4. Das Aufschwingen in den Handstand 5
   4.1 Bewegungsbeschreibung des Handstands 5
   4.2 Vorübungen zum Handstand 6
5. Das Handstandabrollen 6
   5.1 Bewegungsbeschreibung des Handstabrollens 6
6. Der Handstütz-Überschlag seitwärts (Das Rad) 7
   6.1 Bewegungsbeschreibung des Handstütz- Überschlags seitwärts 7
   6.2 Vorübungen zum Handstütz-Überschlag seitwärts (Das Rad) 7
7. Die Rolle rückwärts in den flüchtigen Handstand 8
   7.1 Bewegungsbeschreibung der Rolle rückwärts in den flüchtigen Handstand 8
8. Die Flugrolle 8
   8.1 Bewegungsbeschreibung der Flugrolle 8
   8.2 Vorübungen zur Flugrolle 9
9. Der Handstütz-Überschlag seitw. Mit ¼ Drehung (Die Radwende) 9
   9.1 Bewegungsbeschreibung des Handstütz-Überschlags seitw. 9
   9.2 Vorübungen zum Handstütz-Überschlag seitw. 10
10. Der Handstütz-Überschlag vorwärts 10
    10.1 Bewegungsbeschreibung des Handstütz-Überschlag vorwärts 10
    10.2 Vorübungen zum Handstütz-Überschlag vorwärts 11
Literaturverzeichnis 12

1. Anläufe und Absprünge

Beim Bodenturnen gibt es Absprünge aus dem Stand und aus dem Anlauf. Die Absprünge aus dem Anlauf unterscheidet man wiederum in ein- und beidbeinige Absprünge vor-, seit- und rückwärts. Aus den einbeinigen Absprüngen werden z.b. Handstützüberschläge vor- und seitwärts (Rad) mit Varianten geturnt. Zu den beidbeinigen Absprüngen zählen Vor- und Rückwärtsüberschläge mit und ohne Stütz der Hände.

2. Die Rolle vorwärts

2.1 Bewegungsbeschreibung der Rolle vorwärts

Die Bewegung beginnt aus dem Hockstand. Die Hände werden ca. eine Fußlange vor den Zehen auf den Boden aufgesetzt. Gleichzeitig wird der Kopf auf die Brust gesenkt und die Fußballen vom Boden abgedrückt. Anschließend stützt sich der Turner kurz mit den Armen ab und rollt sich mit angewinkelten Unterschenkeln über den Nacken, den Rücken und das Gesäß bis in den Hockstand ab. Wichtig bei der Ausführung ist, dass der Kopf nicht den Boden berührt und der Knie geschlossen bleiben. Hat der Übende noch keine Erfahrung mit der Rolle vorwärts, so kann er zu Erleichterung während der zweiten Phase der Rollbewegung um die Unterschenkel greifen. Zu vermeiden ist jedoch das Abrollen in den Stand durch Nachstützen mit den Händen.

Abb. 1 Die Rolle vorwärts
http://www.turnsport.ch/lehrreich/reglement/geraeteturnen/boden/images/10604.png

2.2 Vorübungen zur Rolle vorwärts

Eine Übungsform ist die sogenannte Rückenschaukel mit vollständig zusammengerolltem Körper, die Hände umgreifen dabei die Unterschenkel. Diese Rückenschaukel kann man durch Vorrollen in den Hockstand ohne Nachstützen der Hände erweitern. Erleichtern lässt sich das Aufstehen nach der Rückenschaukel, wenn das Schaukeln auf einer Bodenturnmatte geübt wird. Eine weitere Übung beginnt aus dem Kniestand auf einer Schwebebank. Es folgt das Aufsetzen der Hände auf den Boden und Abrollen in den Stand mit anschließendem Streckprung.

3. Die Rolle rückwärts

3.1 Bewegungsbeschreibung der Rolle rückwärts

Der Turner rollt sich rückwärts über das Gesäß, den Rücken und den Hinterkopf ab. Die Hände setzen möglichst früh neben dem Kopf auf dem Boden auf. Berührt der Boden den Hinterkopf, stützt sich der Turner mit den Händen ab, um den erforderlichen Druck zum Abrollen in den Hockstand zu gewährleisten.

Abb. 2 Die Rolle rückwärts
http://www.turnsport.ch/lehrreich/reglement/geraeteturnen/boden/images/10616.png

3.2 Vorübungen zur Rolle rückwärts

Die Rückenschaukel wie bei der Rolle vorwärts kann eingesetzt werden. Diese kann auch durch das Aufsetzen der Hände erweitert werden. Die Hände setzen während der Rückrollphase auf dem Boden neben dem Kopf auf. Zum Erlernen des erforderlichen Armabdrucks wird ein Kastenoberteil herangezogen. Der Übende macht auf dem Kastenoberteil aus dem Kniestand eine Rolle vorwärts in den Hockstand, er rollt zurück und macht eine Rolle rückwärts in den Kniestand auf dem Kasten.

4. Das Aufschwingen in den Handstand

Der Handstand gehört zu den wichtigsten Grunfertigkeiten im Gerät- und Bodenturnen. Er ist Voraussetzung für alle Bewegungen am Boden, am Barren, an den Ringen, am Reck und im Pferdsprung, bei denen eine Stützphase im Handstand notwendig ist. Für den Turnanfänger ist es als Grundlage zunächst wichtiger in den Handstand aufschwingen zu können, als lange im Handstand stehen zu können.Das Aufschwingen mit entsprechender Stützphase gilt als Grundlage für alle nachfolgenden Fertigkeiten.

Abb. 3 Der Handstand
http://www.bundesjugendspiele.de/photos/Geraetturnen_UE1/neu/fluechtigerHandstand.gif

4.1 Bewegungsbeschreibung des Handstands

Aus dem Stand erfolgt ein Vorhochschwingen der Arme in die Hochhalte und einen Schritt vorwärts. Darauf folgt ein aufsetzen der Hände ca. eine armlänge vor dem vorderen Fuß. Die Arme bleiben sowohl während des Vorhochschwingens, als auch beim Aufsetzen gestreckt. Sobald die Hände am Boden aufsetzen erfolgt ein schwunghaftes Hochführen des gestreckten hinteren Beines und ein leichter Abdruck vom Standbein. Das Standbein schwingt hinterher und die Füße werden geschlossen. Ebenso bleibt der Körper im Handstand gestreckt und gespannt, sodass es dem Turner möglich ist den Handstand zu halten. Während Hände, Schultern, Gesäß und Füße eine senkrechte Linie bilden, sollte die Kopfhaltung neutral bleiben. Damit sich der Kopf weder zu sehr im Nacken noch zu sehr auf der Brust befindet, sollte der Blick auf den Boden gerichtet werden.

4.2 Vorübungen zum Handstand

Als Vorübungen können Hockwenden über eine Langbank angewendet werden. Als weitere Übung wird der sogenannte Zappelhandstand eingesetzt. Hierbei schwingt der Turner wie oben beschrieben in den Handstand und führt dann ein wechselseitiges Strecken und Beugen (sog. Zappeln) der Beine durch. Eine dritte Vorübung ist der Wandhandstand rücklings. Der Turner steht rücklings zur Wand, setzt die Hände ca. eine Armlänge vor der Wand auf und streckt seine Beine bis in den Handstand. Zum Schluss setzt er die Hände schrittweise näher an die Wand, sodass er die komplette Position des Handstands eingenommen hat.

Das Aufschwingen in den Handstand kann auch in einer dreier Gruppe eingeübt werden. Hierbei greifen zwei Helfer von der Seite möglichst früh um die Oberschenkel des Übenden und halten ihn im Handstand.

5. Das Handstandabrollen

5.1 Bewegungsbeschreibung des Handstabrollens

Beim Handstandabrollen schwingt der Übende zunächst in den Handstand auf. Bei leichter Überlage des Körpers werden die Arme gebeugt und der Kopf auf die Brust gesenkt. Zunächst wird über den Nacken abgerollt, dann über den Rücken und zuletzt über das Gesäß. Das Aufstehen in den Stand erfolgt wie bei der Rolle vorwärts, durch Anhocken der Beine.

Abb. 4 Das Handstandabrollen
http://www.sportunterricht.de/buju/boden6.gif

5.2 Vorübungen zum Handstandabrollen

Der Übende stützt bauchlings auf einem hüfthohen Kasten. Er setzt die Hände auf dem Boden auf und rollt sich ab in den Stand. Bei einer weiteren Vorübung führt der Übende rücklings einen Wandhandstand durch, danach erfolgt ein Abrollen mit Bewegungsunterstützung durch einen Helfer. Das Handstandabrollen kann ebenso wie der Handstand in einer dreier Gruppe eingeübt werden. Zwei Helfer stehen seitlich neben dem Übenden und unterstützen ihn an den Oberschenkeln beim langsamen Senken zum Abrollen.

6. Der Handstütz-Überschlag seitwärts (Das Rad)

6.1 Bewegungsbeschreibung des Handstütz- Überschlags seitwärts

Der Übende nimmt Anlauf und macht einen Hopser mit Vorhochschwingen der Arme. Wird das Rad nach links durchgeführt, so befindet sich das linke Bein nach dem Hopser vorn. Die linke Hand wird möglichst weit vor dem Körper in Verlängerung des linken Fußes aufgesetzt. Beim Rad nach rechts hingegen schwingt der Körper seitwärts in den Handstand, wobei die rechte Hand schulterbreit hinter der linken aufgesetzt wird. Die Beine sind gestreckt und weit gegrätscht. In der Landungsphase drückt sich der Turner von der rechten Hand ab setzt den rechten und anschließend den linken Fuß auf und endet im Seitstand.

Abb. 5 Das Rad
http://www.borg-eisenerz.asn-graz.ac.at/sportkunde/rad3.gif

6.2 Vorübungen zum Handstütz-Überschlag seitwärts (Das Rad)

Als Vorübungen können Hockwenden an der längsgestellten Turnbank mit beidbeinigem Ansatz eingesetzt werden oder Hockwenden mit einbeinigem Ansatz über einen in der Bankstellung am Boden hockenden Partner . Die Hände werden seitlich neben den Füßen des Partners gestützt und die Hockwende über seine Rücken ausgeführt. Vorübungen könne auch als Partnerübungen durchgeführt werden. Hierzu hält der Partner ein in einer Matteritze eingeklemmtes Seil, welches er Stück für Stück höher hält und über das der Übende ein Handstütz-Überschlag seitwärts turnen muss. Der etwas fortgeschrittene Turner kann das Rad auf einem am Boden markierten Strich üben, indem er versucht bei der Übungsausführung den vorderen Fuß, die Hände und wieder die Füße gradlinig auf der Linie aufzusetzen.

7. Die Rolle rückwärts in den flüchtigen Handstand

7.1 Bewegungsbeschreibung der Rolle rückwärts in den flüchtigen Handstand

Die Bewegung beginnt wie bei der Rolle rückwärts aus dem Hockstand. Der Turner rollt über das Gesäß und den Rücken und setzt die Hände neben dem Kopf auf dem Boden auf. Sobald der Hinterkopf den Boden berührt, streckt der Übende mit Hilfe des genommen Schwungs seinen Körper. Zeitgleich drückt sich der Turner mit den Armen in den Handstand und hält seinen Kopf leicht im Nacken. Er kann selbst entscheiden ob er sich in den Hockstand, in die Schrittstellung oder in den Stand abschwingt.

Abb. 6 Die Felgrolle
http://www.sportunterricht.de/buju/boden7.gif

7.2 Vorübungen der Rolle rückwärts in den flüchtigen Handstand

Der Übende macht eine Kerze mit Stütz der gestrecken Arme neben dem Körper auf dem Boden. Es folgt ein schwungvolles Strecken und Beugen im Hüftgelenk. Oder der Übende streckt sich aus der Kipplage am Boden in den Handstand mit Unterstützung durch zwei Helfer. Die Helfer stehen neben dem Übenden und ziehen ihn im Klammergriff am Ober- und Unterschenkel in den Handstand. Eine weitere Pbungsform erfolgt aus dem Hockstand oder Strecksitz. Der Übende macht eine Rolle rückwärts in den flüchtigen Handstand mit Unterstützung durch einen Helfer, der den Übenden mit ausgestrecktem Arm in den Handstand führt.

8. Die Flugrolle

8.1 Bewegungsbeschreibung der Flugrolle

Der Turner beginnt mit einem schnellen Anlauf und schließt einen beidbeinigen Absprung mit Vorhochschwingen der Arme an. Es folgt eine hohe Flugphase mit leichtem Winkel in den

Hüften, gestreckten Beinen, neutraler Kopfhaltung und Seithochhalten der Arme. Damit sich der Turner perfekt abrollen kann muss er sich in einem sogenannten Abrollwinkel von 50-60 Grad befinden. Beim Landen der Arme auf dem Boden wird der Schwung durch kräftiges Abschtützen mit den Armen abgefangen, ansonsten erfolgt das Abrollen wie bei der Rolle vorwärts.

Abb. 7 Die Flugrolle
http://www.haipov.at/sport/themen/image002.gif

8.2 Vorübungen zur Flugrolle

Zum Üben der Flugrolle kann der Turner eine Rolle vorwärts aus dem Stand über zwei Matten turnen. Die Matten liegen etwa 30 cm auseinander. Nach mehreren Durchführungen kann der Zwischenraum der Matten vergrößert werden, sodass sich der Schwierigkeitsgrad für den Turner erhöht. Eine weitere Übungsform stellt die Flugrolle über einen in Bankstellung am Boden hockenden Partner dar. Diese Übung kann durch zwei am Boden hockenden Partnern erhöht werden. Der geübtere Turner kann eine Flugrolle vom Rheuterbrett über eine Schnur durchfphren und auf eine Weichbodenmatte landen. Des Weiteren kann eine Flugrolle mit merhmaligem Handklatsch während der Flugphase durchgeführt werden.

9. Der Handstütz-Überschlag seitw. Mit ¼ Drehung (Die Radwende)

9.1 Bewegungsbeschreibung des Handstütz-Überschlags seitw.

Der Bewegungsablauf besteht aus einem kurzen Anlauf, einem einleitenden Hopser mit Vorhochschwingen der Arme, ein Abdruck vom Sprungbein und ein maximaler Schwungbeineinsatz in Richtung Handstand. Wird das linke Bein als Sprungbein eingesetzt, so setzt die linke Hand möglichst weit vom Körper vor dem Sprungbein auf. Nun setzt die zweite Hand etwas seitlich nach außen versetzt auf bevor der Turner hochschwingt wie beim Rad und die Beine sofort nach dem Absprung geschlossen werden. Um eine Landung zum

Stand entgegengesetzt zur Anlaufrichtung zu ermöglichen sollte der Turner sich aus beiden Armen kräftig abdrücken. Abgeschlossen sollte die Radwende wenn möglich mit einem Strecksprung.

Abb. 8 Die Radwende
http://www.vfl-lahnstein.de/Geraetturnen/bilder/rawe7.gif

9.2 Vorübungen zum Handstütz-Überschlag seitw.

Der Übende steht auf einem hüfthohen Kasten, er schwingt mit einer ¼ Drehung in den flüchtigen Handstand auf und wendet sich vorlings vor dem Kasten zum Stand ab. Um den Schwierigkeitsgrad dieser Übung zu erhöhen kann die Höhe des Kastens verringert werden um die Radwende schwungvoller auszuführen. Bei einer weiteren Übung steht der Turner auf einem Kastenoberteil, schwingt sich mit einer ¼ Drehung in den Handstand auf, setzt dabei die erste Hand in der Mitte des Kastens auf und die zweite Hand nach außen versetzt, um das schwungvolle Abwenden durch entsprechenden Druck aus beiden Armen zu ermöglichen.

Um zum richtigen Armabdruck und zum sogenannten Scheppern zu gelangen schwingt der Übende in den flüchtigen Handstand auf einem Kastenoberteil oder einer Weichbodenmatte. Aus der Überstreckung erfolgt ein kräftiger Armabdruck mit gleichzeitigem Anwinkeln im Hüftgelenk. Die Arme sollten nicht mehr stützen, sobald die Füße den Boden erreichen. Erfolgt die Landung mit aufgerichtetem Oberkörper, ist die Ausführung richtig.

10. Der Handstütz-Überschlag vorwärts

10.1 Bewegungsbeschreibung des Handstütz-Überschlag vorwärts

Auf einen schnellen Anlauf folgt ein Hopser mit Vorhochschwingen der Arme. Die Hände werden vor dem vorderen Fuß schulterbreit auf den Boden aufgesetzt. Anschließend sollte sich der Turner kräftig vom Sprungbein abdrücken und das Schwungbein bis zur Überstreckung im Lendenbereich schwungvoll rückspreizen. Nach dem Aufsetzen der Hände erfolgt außerdem ein energischer Abdruck aus den gestreckten Armen mit aktiver Streckung des Schultergelenks. Die Ausführung des Überschlags erfolgt mit geschlossenen Beinen, Überstreckung im Lendenbereich und neutraler Kopfhaltung. Gelandet wird zuerst auf den Fußballen, dann auf dem ganzen Fuß. Die Arme werden auch bei der Landung hochgehalten.

Abb. 9 Der Handstütz-Überschlag vorwärts
http://www.sportunterricht.de/buju/boden8.gif

10.2 Vorübungen zum Handstütz-Überschlag vorwärts

Durch einen Anlauf aus ein bis zwei Schritten mit einem Hopser in den Wandhandstand kann der Handstütz-Überschlag vorwärts geübt werden. Um Verletzungen vorzubeugen wird die Wand mit einer aufgestellten Weichbodenmatte abgepolstert. Vor die Weichbodenmatte werden Bodenturnmatten gelegt. Beim Einüben in der dreier Gruppe schwingt der Übende in den Handstand und überschlägt mit Unterstützung durch zwei Helfer. Bei der Hilfestellung knien sich zwei Helfer gegenüber auf dem Boden. Sobald der Übende in den Handstand aufschwingt greifen sie mit der näheren Hand unter die Schulter des Übenden, mit der anderen Hand stützden sie den Lendenbereich. Abschließend drehen sie den Übenden in den Stand.
Der Handstand-Überschlag vorwärts kann auch mit Unterstützung durch nur einen Helfer eingeübt werden. Hierbei schwingt der Übende in den Handstand und drückt sich aus gestreckten Armen vom Boden ab. Er wird dabei von seinem Helfer durch einen festen Griff um die Hüften gestützt und landet im Handstand.

Literaturverzeichnis

Härting, R & Buchmann, G. (2003) *Gerätturnen, Trainingsmethodik,* Berlin: Meyer und Meyer Sport

Knirsch, K. (1983) *Lehrbuch des Gerät- und Kunstturnens,* Böblingen: Central Druck

Nolte, G. (1980) *Gerätturnen, Handbuch der Grundfertigkeiten, Bad Homburg:* Limpert

Timmermann, H. (2000) *Gerätturnen, Lehren und Lernen,* Wiebelsheim: Limpert

BEI GRIN MACHT SICH IHR WISSEN BEZAHLT

- Wir veröffentlichen Ihre Hausarbeit, Bachelor- und Masterarbeit

- Ihr eigenes eBook und Buch - weltweit in allen wichtigen Shops

- Verdienen Sie an jedem Verkauf

Jetzt bei www.GRIN.com hochladen und kostenlos publizieren